Philippe Lestang

# Un dossier sur

# "Puissance de la louange"

Pouvons-nous accepter les difficultés que nous rencontrons, et nous tourner vers Dieu pour le remercier de son amour toujours présent?

Notre intelligence se rebelle lorsque nous ne comprenons pas les événements que Dieu permet dans notre vie, et notre foi est souvent liée aux sentiments que nous éprouvons.

C'est une démarche intérieure qui est proposée au long de ce parcours, chacun selon son itinéraire personnel, pour mieux comprendre la louange en toutes circonstances.

Un nouveau chemin spirituel s'ouvre alors à nous.

# CONTENU DU DOSSIER
—

Ce dossier a été élaboré à l'occasion d'un groupe de travail réuni pour approfondir la puissance de la louange.

Les travaux du groupe ont été basés sur ce dossier, et non pas directement sur le livre "Puissance de la louange" de Merlin Carothers, dont l'étude ne serait pas possible en quelques réunions.

**Ce dossier ne comprend pas de copie des pages du livre de MerlinCarothers, mais seulement de courtes références**, pour des raisons de copyright.

Les extraits étudiés comportent <u>la référence aux pages</u> correspondantes du livre.

Noter également que les textes 8, 13 et 15 renvoient à un autre livre de Merlin Carothers: "De la prison à la louange"

# Remarques préalables

(qui étaient proposées aux participants au groupe de travail)

L'objectif de ce dossier est de **permettre à chacun de suivre un itinéraire personnel.** Ce qui est proposé est donc un peu une "auberge espagnole": Si vous n'apportez pas vos propres questions ou vos objectifs, et si vous ne faites pas un approfondissement personnel, il est possible que ces rencontres vous apportent moins que vous ne l'espériez!

**Les thèmes des rencontres successives ne sont pas définis à l'avance:** *ce ne sont pas les tirets* qui figurent sur la fiche de présentation, qui ne sont que des exemples, des aspects du sujet.

**La progression suivie sera à peu près celle de ce dossier:** en fonction des participants, on conviendra des textes que chacun regardera pour la séance suivante (il a cependant paru meilleur de donner aux participants tout le dossier dès le départ, afin qu'ils puissent le lire à leur gré).

Les textes sont numérotés pour faciliter la référence *mais ne seront pas forcément abordés dans cet ordre.* Il n'est pas nécessaire de les lire tous à l'avance: au contraire c'est au fur et à mesure des séances que tel texte qui paraît difficile au départ pourra prendre son sens.

Les rencontres sont conçues dans **un esprit de liberté et de respect**; les matériaux proposés sont des supports pour accompagner la réflexion. Ils ne constituent certainement pas une "doctrine" qu'il faudrait obligatoirement accepter!

### A propos de la pagination
### du livre "Puissance de la louange"

Selon la version du livre "Puissance de la louange" dont vous disposez, des écarts de 3 ou 4 pages peuvent exister entre les numéros de page mentionnés ci-après (p.ex. page 17) et les pages dans votre édition.

Ainsi par exemple, dans les éditions récentes, le texte "Dire merci en toutes choses" se trouve dans "Puissance de la louange" en page 9 ou en page 6; le texte "Petites plaintes" en page 157 ou 160...

Il est possible que des écarts analogues existent pour le livre "De la prison à la louange"(cf texte 8 ci-après).

# Introduction

*"Vous toutes les oeuvres du Seigneur,*
*Bénissez le Seigneur !"*
    (Daniel, Cantique des trois jeunes gens dans la fournaise)

"La louange en toutes circonstances", tel est l'objet principal des livres de Merlin Carothers et des rencontres proposées.

On trouvera ci-après un certain nombre de textes, ou leur référence, avec des commentaires ou introductions: il a semblé souhaitable que les participants disposent dès le départ de l'ensemble des matériaux qu'il est proposé d'utiliser.

Ces textes correspondent à un itinéraire dans la foi qu'il ne sera possible de parcourir qu'en partie.

En effet, outre la louange déterminée quels que soient les événements, les textes de Merlin Carothers abordent directement ou indirectement des sujets tels que:

    - La conversion ("nouvelle naissance", donner sa vie au Christ)
    - Les miracles, guérisons, "coïncidences" etc.
    - Dieu parlant intérieurement
    - Le baptême dans l'Esprit
    - etc.

Ces aspects seront évoqués occasionnellement mais ne constituent pas l'essentiel de la réflexion proposée, centrée sur **le choix de la louange** dans la foi.

*Introduction au texte 1*

## Quelques phrases tirées de la Bible

La page ci-après propose un certain nombre de citations tirées du Nouveau Testament.

Il pourrait être bon que ceux qui le veulent se reportent à leur Bible et réfléchissent sur les passages cités, en regardant aussi les versets qui entourent ceux qui sont mentionnés ici.

Bien d'autres invitations à la louange existent dans la Bible, et notamment dans les psaumes. Vous pouvez en rechercher si vous le voulez!

Pourquoi également n'apporteriez-vous pas une Bible à nos rencontres?

*Texte 1*

## Quelques phrases tirées de la Bible

"Votre Père sait ce dont vous avez besoin avant que vous le lui demandiez" (Matthieu 6,8)

"Ne faites pas comme les païens, qui pensent qu'en répétant beaucoup de paroles ils se feront mieux entendre" (Matthieu 6,7)

"Croyez que vous avez reçu ce que vous demandez, et cela vous sera donné" (Marc 11,24)

"En toutes circonstances, remerciez le Seigneur" ( 1 Thessaloniciens 5,18)

"Soyez toujours joyeux" (1 Thessaloniciens 5,16)

"Vivez dans la louange !" (Colossiens 3,15)

"Dieu fait tout contribuer au bien de ceux qui l'aiment" (Romains 8,28)

"Oui, j'en ai l'assurance (..), rien ne peut nous séparer de l'amour de Dieu" (Romains 8,39)

"Réjouissez-vous sans cesse dans le Seigneur; je le redis encore: réjouissez-vous!" (Philippiens 4,4)

"En tout temps et pour toutes choses, remerciez le Seigneur" (Ephésiens 5,20)

"Même vos cheveux sont tous comptés; soyez donc sans crainte" (Matthieu 10,30)

# La multiplication des pains (Cardinal Vanhoye)

Le texte ci-joint est tiré du livre "Le don du Christ, lecture spirituelle" (Bayard), du Père Vanhoye, récemment nommé cardinal par le Pape Benoit XVI.

A travers l'exemple de la multiplication des pains (mais il aurait pu prendre aussi l'exemple de la résurrection de Lazare), l'auteur montre que Jésus loue et remet tout entre les mains de son Père.

"Il (Jésus) ne se plaint pas de ce qu'il n'a pas."...

*"Si au lieu de nous lamenter de ce que nous n'avons pas, nous rendions grâce à Dieu pour ce qu'il nous a donné, en beaucoup de circonstances notre situation serait changée, transformée, et nous pourrions, avec la grâce généreuse de Dieu, faire des choses merveilleuses."*

## Texte 2

# La multiplication des pains

(Extrait d'un livre du cardinal Vanhoye)

Dans l'épisode de la multiplication des pains, la prière d'action de grâces, ou de bénédiction, se présente à première vue comme un fait ordinaire de la vie quotidienne. Avant de manger, les Israélites avaient l'habitude de bénir Dieu pour la nourriture. Plusieurs, probablement, prononçaient la formule courante de manière plutôt distraite et machinale. L'attitude prise par Jésus, les yeux levés vers le ciel, montre que, pour lui, il ne s'agissait pas d'une formule récitée distraitement, mais d'une vraie prière, d'un contact authentique avec Dieu. Cette attitude rappelle la phrase du psaume :« Vers toi, j'ai les yeux levés, qui te tiens au ciel » (Ps 123,1).

Le point le plus important, cependant, n'est pas celui-là. Regardons les circonstances de cette action de grâces. Ce ne sont pas des circonstances d'abondance, mais, au contraire, de pénurie, de disette. Normalement, l'action de grâces se situe dans un contexte d'abondance, quand rien ne manque, quand tout est prêt pour une fête. Ici, au contraire, tout manque, ou, plus exactement, il y a une disproportion alarmante entre le peu de ressources disponibles et les besoins énormes. Pour nourrir une foule de plusieurs milliers de personnes qui se trouvent dans une région déserte, à une grande distance de toute habitation, Jésus a cinq misérables petits pains ou galettes. « Qu'est-ce que cela pour tant de monde !» a fait remarquer un disciple réaliste (Jn 6,9). Apparemment, il n'y a donc pas lieu de se réjouir. Ce serait plutôt le moment de se lamenter, de gémir, de se décourager, de se rebeller contre Dieu. De fait, durant l'Exode, une situation de ce genre provoquait les lamentations, l'exaspération, la rébellion (cf: Ex 16,2-3 ; Nb 11,4-6). Dans une telle situation, Jésus, au contraire, prend les cinq pains, lève les yeux vers le ciel et bénit le Père céleste. Il ne se plaint pas de ce qu'il n'a pas ; il rend grâces pour ce qu'il a reçu, et ce contact reconnaissant avec Dieu son Père débloque la situation. Jésus est remonté jusqu'à la source de tout bien. « Tout don excellent, toute donation parfaite vient d'en haut et descend du Père des lumières » (Jc 1, 17). Par la reconnaissance. Jésus a ouvert la voie à la bonté divine, qui donne à tous avec abondance : tous mangèrent à satiété et, après le repas, on ramassa beaucoup de restes.

Si, au lieu de nous lamenter de ce que nous n'avons pas, nous rendions grâces à Dieu pour ce qu'il nous a donné, en beaucoup de circonstances notre situation serait changée, transformée, et nous pourrions, avec la grâce généreuse de Dieu, faire des choses merveilleuses. La fondatrice des Petites Soeurs des Pauvres, la bienheureuse Jeanne Jugan, en est un exemple parmi d'autres. À une personne qui s'émerveillait de son succès (partie de rien, elle avait réussi à secourir des milliers de personnes âgées), elle déclarait : « J'ai été bénie, parce que j'ai toujours beaucoup remercié la Providence. » Elle avait imité l'action de grâces de Jésus avant la multiplication des pains et avait réalisé ensuite des choses surprenantes avec l'aide du Père céleste.

Un autre trait doit être mis en relief. De quoi, exactement Jésus rend-il grâces dans cet épisode ? D'avoir lui-même quelque chose à manger ? C'est la situation habituelle. Nous rendons grâces pour la nourriture que nous mangeons. Mais ce n'est pas le point de vue de Jésus. Il n'a pas demandé les pains pour lui-même, mais pour les distribuer aux autres. Aucun évangéliste ne dit que Jésus ait mangé ; tous disent qu'il a donné les pains, qu'il les a distribués. Il rend donc grâces à Dieu, non d'avoir quelque chose à manger, mais d'avoir quelque chose à donner. Le Père céleste est celui qui donne ; Jésus rend grâces au Père pour la possibilité qu'il a de s'associer au mouvement du Père, à l'action généreuse du Père. « Père, je te rends grâces pour ces pains que tu as mis entre mes mains, afin que je puisse, en les distribuant, participer ainsi à ta vie d'amour et de don. » L'attitude de Jésus diffère beaucoup de notre attitude intéressée. Nous nous emparons des dons de Dieu et demandons toujours d'autres dons pour nous-mêmes. Jésus voit, dans les dons de Dieu, la possibilité de donner aux autres et il rend grâces en s'abandonnant avec confiance à la générosité du Père.

A. Vanhoye - « Le don du Christ. Lecture spirituelle »

———

*Introduction au texte 3*

# Dire merci en toutes choses

Voici un premier texte tiré de "Puissance de la Louange" de Merlin Carothers.

Dans le cadre de ce parcours il est proposé de ne pas lire ce livre dans l'ordre des pages, parce que ce serait trop long et aussi parce que dès le début on y rencontre des attitudes spirituelles qui pourraient surprendre certains participants ou leur poser problème: il sera plus facile d'échanger à leur sujet au bout de quelques séances.

Parmi les points abordés dans ce premier texte:

- Nous sommes invités à louer Dieu "avec notre intelligence", ce qui en fait peut vouloir dire: accepter de changer de point de vue sur Dieu!
- Il est possible de choisir délibérément, fermement, une attitude de louange, dans la foi.
- On ne peut pas faire de "chantage" avec Dieu. Comme le dit M.Carothers, Dieu nous aime trop pour céder à notre chantage...

**Texte 3**

# Dire merci en toutes choses...

*(Extrait de: Merlin Carothers - Puissance de la louange)*

«Soyez toujours joyeux, priez sans cesse, et dites merci en toutes choses, car c'est là ce que Dieu veut pour vous qui appartenez à Jésus-Christ» (1 Thess. 5. 16-18). Je connais beaucoup de gens (..)

*Voir texte dans le livre de Merlin Carothers: du milieu de la page 9 au début de la page 11.*

(...) Louez-le pour ce qu'il a permis dans votre vie; faites-le délibérément et avec la participation de votre raison.

*Introduction au texte 4*

## Foi et sentiments

Ce que nous propose Merlin Carothers, c'est une attitude de foi, un choix calme de notre volonté:

- Il est possible de louer Dieu en toutes circonstances, mais souvent nous ne le voulons pas.
- Louer Dieu, c'est le remercier, par des phrases simples, dans la foi; ce n'est pas ressentir quelque chose.
- Cette attitude nous ouvre à Dieu et à son action.

Ce n'est pas croire que Dieu est responsable du mal qui nous arrive ou qui arrive à des proches; c'est être convaincu que de ce mal il peut tirer un bien plus grand si nous nous ouvrons à lui par la louange, qui est la forme supérieure de la confiance.

La louange telle que la propose Merlin Carothers n'est pas gaîté, chant et guitare! Elle est attitude intérieure de confiance tranquille au milieu des difficultés:

**"Merci Seigneur, car tu sais ce qui est bon pour moi et tu veux me le donner."**

> *"Que tout en toi se taise,*
> *Que tout en toi s'apaise*
> *Et que parle ton Dieu"*
>
> ( "Ecoute" - Communauté du Chemin Neuf)

*Texte 4*

# Foi et sentiments

*(Extrait de: Merlin Carothers - Puissance de la louange)*

Nous avons déjà dit combien il était facile de laisser notre raison devenir une pierre d'achoppement pour notre foi. (..)

*Voir texte dans le livre de Merlin Carothers: du haut de la page 53 au bas de la page 54.*

(...) Gloire à Dieu s'il vous accorde de ressentir sa merveilleuse présence! Mais ne laissez pas votre foi dépendre de ce que vous ressentez.

*Introduction au texte 5*

## Les gens difficiles

Le texte ci-après est un exemple concret d'application de la louange dans la vie de tous les jours: choisir de remercier Dieu avec un coeur aimant quand nous nous heurtons à quelqu'un de difficile.

Cela change notre coeur; cela change la relation, et ouvre la porte à l'action de Dieu.

Pas plus que dans d'autres cas la louange n'est ici béate; elle est combat intérieur, mais dans une attitude d'amour confiant.

Ce qui n'exclut pas dans certaines situations le renoncement, la croix.

*Texte 5*

# Les gens difficiles...

*(Extrait de: Merlin Carothers - Puissance de la louange)*

Est-ce que vous remerciez Dieu pour les gens que vous trouvez difficiles à aimer autour de vous? Avez-vous un voisin acariâtre ? (..)

*Voir texte dans le livre de Merlin Carothers: du milieu de la page 101 au milieu de la page 103.*

(..) C'est cela, être enraciné dans l'amour de Dieu. Dans ce sol fertile, notre faculté d'aimer ira sans cesse croissant.

Voilà comment le Saint-Esprit produit du fruit dans nos vies.

*Introduction au texte 6*

## Thérèse de Lisieux et la religieuse peu aimable

Cette histoire racontée par Thérèse de l'Enfant Jésus est célèbre.

Son attitude spirituelle est un peu différente de celle proposée par Merlin Carothers, mais il y a des points communs:

- se tourner vers le Seigneur,
- être convaincu que Lui voit les choses différemment,
- etc.

... Sans exclure la fuite, attitude qu'elle n'hésite pas à utiliser pour ne pas manquer à la charité!

**Texte 6**

# Thérèse de l'Enfant Jésus et la soeur antipathique

Il se trouve dans la communauté une soeur qui a le talent de me déplaire en toutes choses, ses manières, ses paroles, son caractère me semblaient *très désagréables*. Cependant c'est une sainte religieuse qui doit être *très agréable* au bon Dieu, aussi ne voulant pas céder à l'antipathie naturelle que j'éprouvais, je me suis dit que la charité ne devait pas consister dans les sentiments, mais dans les oeuvres; alors je me suis appliquée à faire pour cette soeur ce que j'aurais fait pour la personne que j'aime le plus. A chaque fois que je la rencontrais je priais le bon Dieu pour elle, Lui offrant toutes ses vertus et ses mérites. Je sentais bien que cela faisait plaisir à Jésus, car il n'est pas d'artiste qui n'aime à recevoir des louanges de ses oeuvres, et Jésus, l'Artiste des âmes, est heureux lorsqu'on ne s'arrête pas à l'extérieur mais que, pénétrant jusqu'au sanctuaire intime qu'il s est choisi pour demeure, on en admire la beauté. Je ne me contentais pas de prier beaucoup pour la soeur qui me donnait tant de combats, je tâchais de lui rendre tous les services possibles et quand j'avais la tentation de lui répondre d'une façon désagréable, je me contentais de lui faire mon plus aimable sourire et je tâchais de détourner la conversation, car il est dit dans l'Imitation: *Il vaut mieux laisser chacun dans son sentiment que de s'arrêter à contester.* Souvent aussi, lorsque je n'étais pas à la récréation (je veux dire pendant les heures de travail), ayant quelques rapports d'emploi avec cette soeur, lorsque mes combats étaient trop violents, je m'enfuyais comme un déserteur. Comme elle igorait absolument ce que je sentais pour elle, jamais elle n'a soupçonné les motifs de ma conduite et demeure persuadée que son caractère m'est agréable. Un jour à la récréation, elle me dit à peu près ces paroles, d'un air très content: "Voudriez-vous me dire, Ma Soeur Thérèse de l'Enfant Jésus, ce qui vous attire tant vers moi, à chaque fois que vous me regardez je vous vois sourire?" Ah, ce qui m'attirait, c'était Jésus caché au fond de son âme... Jésus qui rend doux ce qu'il y a de plus amer... Je lui répondis que je souriais parce que j'étais contente de la voir (bien entendu je n'ajoutai pas que c'était au point de vue spirituel).

*"Manuscrit C" (à Mère Marie de Gonzague), extrait*

*Introduction au texte 7*

## Louer pour la situation, exactement telle qu'elle est

Merlin Carothers parle souvent dans ses livres du "plan" ou du "*projet parfait*" de Dieu pour nous.

Il veut dire par là que si nous nous remettons entièrement entre ses mains dans la louange, Dieu nous conduira par les chemins qui seront les meilleurs pour nous.

Dans le texte ci-joint il affirme également que la situation, éventuellement difficile, où nous nous trouvons *"fait partie de la volonté parfaite d'un Dieu d'amour"*.

Il entend par là que Dieu a permis la situation présente, et qu'il sait beaucoup mieux que nous ce qui à partir de là sera le meilleur pour nous.

De même il aime, beaucoup mieux que nous, tous ceux à qui nous pensons dans la prière: il sait ce qui sera le meilleur pour eux dans cette situation.

Si on ne croit pas cela, croit-on vraiment que Dieu est amour?
La louange est inconditionnelle; *elle ouvre les portes à Dieu*, pour qu'il agisse comme il l'entend.

*Texte 7*

## Louer pour la situation telle qu'elle est...

*(Extrait de: Merlin Carothers - Puissance de la louange)*

Louer Dieu n'est pas le médicament miracle, la panacée universelle, ou la potion magique assurant chaque fois le succès. C'est une façon de vivre solidement fondée sur la Parole de Dieu. (..)

*Voir texte dans le livre de Merlin Carothers: du milieu de la page 14 au début de la page 16.*

(..) combler chaque désir de nos coeurs. C'est là toute sa volonté et son plan pour nous!

Oh! si nous pouvions apprendre à faire d'abord et toujours nos délices du Seigneur!

*Introduction au texte 8*

## La louange donne la paix

Plus nous sommes détendus, et plus nous laissons Dieu agir en nous.

Qu'il s'agisse de nous-mêmes (douleurs, angoisses,..) ou de la relation avec d'autres, être détendu facilite la recherche de solutions; la vraie rencontre avec l'autre.

La louange est la voie royale pour cela.

Elle est acceptation du réel. Elle est se placer en pauvreté aimante devant Dieu. Si on croit vraiment que Dieu existe et est présent, alors quelle meilleure attitude que de se remettre entre ses mains avec joie et amour, comme un enfant dans les bras de sa mère bien-aimée.

# La louange donne la paix

*(Extrait de: Merlin Carothers - De la prison à la louange)*

Jésus n'a pas promis de changer les circonstances autour de nous, mais il a promis une grande paix et une joie profonde à ceux qui veulent apprendre à croire que Dieu contrôle et dirige concrètement *toutes choses*. (..)

*Voir texte dans le livre **"De la prison à la louange"**: du haut de la page 108 au début de la page 109.*

(..) Si nous persévérons, la puissance de Dieu finit, d'une manière ou d'une autre, par se libérer en nous et dans notre situation particulière. Peut-être goutte à goutte, tout d'abord, puis comme un fleuve qui s'enfle et finit par nous submerger, faisant disparaître les anciennes blessures et leurs cicatrices.

*Introduction aux textes 9 et 10*

## **Plaintes...**

La confiance, la louange - oui la louange ! - reste possible quand nous sentons en nous des douleurs, des angoisses, etc.

Il s'agit en somme de convertir ses préoccupations; de changer notre point de vue.

Quand quelque chose nous énerve (gosses bruyants à la messe, voisin de palier désagréable, etc.), pourquoi ne pas, au contraire, louer?

*Texte 9*

# Petites plaintes...

*(Extrait de Merlin Carothers - Puissance de la louange)*

Pendant des années, j'étais fier de ne pas rouspéter souvent - c'est-à-dire que je n'exprimais pas ouvertement mon mécontentement. (..)

*Voir texte dans le livre de Merlin Carothers: du milieu de la page 157 au milieu de la page 159.*

(..) Notre louange et notre action de grâces doivent être fondées sur notre foi en la Parole de Dieu - et non sur nos sentiments.

*Texte 10*

# Fini les plaintes!

*(Extrait de: Merlin Carothers - Puissance de la louange)*

Il vous est sans doute déjà arrivé de sortir par un beau matin clair et ensoleillé, de respirer une longue bouffée d'air frais et de remercier Dieu pour sa création magnifique. (..)

*Voir texte dans le livre de Merlin Carothers: du début de la page 152 au milieu de la page 153.*

(..) Une attitude de louange libère la puissance de Dieu dans notre vie; une attitude de murmures et de lamentations la bloque.

"Ne vous plaignez pas de votre sort et ne murmurez pas contre Dieu. Certains l'ont fait et ils sont tombés sous les coups de l'ange de la mort, envoyé par Dieu. Tous ces malheurs sont arrivés pour nous servir d'avertissement et pour illustrer la manière dont Dieu agit; ils ont été consignés par écrit pour notre instruction..." (1 Cor. 10, 10-11).

*Introduction à tous les textes qui suivent*

## Toujours plus de louange

Il n'est plus nécessaire d'introduire les textes suivants, tirés à une exception près des livres de Merlin Carothers.

Une certaine progression s'y observe, notamment dans les derniers: des conversions peuvent se produire par la louange!

La présence de l'Esprit est parfois plus manifeste.

*Texte 11*

# Louer Dieu dans la vie quotidienne

*(Extrait de: Merlin Carothers - Puissance de la louange)*

*(Une participante à une réunion..)* promit à Dieu de le louer pour tout ce qui arriverait dans sa vie.

En retournant le soir même en voiture chez elle, elle eut sa première occasion de le faire. (..)

*Voir texte dans le livre de Merlin Carothers: du haut de la page 179 au milieu de la page 180.*

(..) Ou est-ce notre façon de réagir qui les amène à réfléchir et à constater: "Cette personne n'est pas comme les autres. Elle possède quelque chose qui me manque"?

*Texte 12*

# Louer Dieu pour le fait d'être comme on est

*(Extrait de: Merlin Carothers - Puissance de la louange)*

Un général chrétien vint me trouver un jour et m'avoua que l'effort qu'il s'imposait afin de donner de lui-même une image parfaite à ses hommes était sur le point de le tuer. (..)

*Voir texte dans le livre de Merlin Carothers: du haut de la page 120 au milieu de la page 121.*

(..) Dès que j'ai pu reconnaître que j'étais faible, et remercier Dieu de m'avoir créé ainsi, son amour a commencé à me transformer et à me remplir de sa paix.

*Texte 13*

# La louange n'est pas la "pensée positive"

*(Extrait de: Merlin Carothers - De la prison à la louange)*

Quelques-uns m'ont demandé si ce principe de la louange ne correspondait pas sous une autre forme au principe de la "pensée positive" (dans le style: Pensez positif - vivez heureux!). Loin de là. (..)

*Voir texte dans le livre **"De la prison à la louange"**: du haut de la page 123 au bas de la page 124.*

(..) Louer Dieu sans cesse fait progressivement diminuer notre "moi" et fait grandir Christ en nous, jusqu'au point où, avec Pierre, nous nous réjouissons "d'une joie ineffable et glorieuse" (1 P 1,8).

"Et une voix sortit du trône, disant: 'Louez notre Dieu, vous tous ses serviteurs, vous qui le craignez, petits et grands!' " (Ap. 19,5)

**Texte 14**

# "Merci Seigneur pour cette mission"

(Extrait du blog de Sébastien Fath)

Le sauveur était pentecôtiste. Non je ne parle pas de Jésus, ni de Zinedine Zidane venu l'an dernier assurer la qualif' de l'équipe de France de football. Je parle de la fameuse histoire d'Arezki Belarbi, un enfant tombé dans e canal de la Marne-au-Rhin à Vendenheim (Alsace) le 20 avril 2006, et sauvé des eaux par un inconnu. Le père de l'enfant, Ali Belarbi, avait qualifié ce mystérieux sauveteur de "véritable ange" (dépêche AFP du 22 avril 2006, 17H32). Les télévisions s'étaient émues de cette affaire: au lieu de se signaler, le sauveteur avait préféré conserver l'anonymat. Qui était ce sauveur masqué? On connaît aujourd'hui la réponse: il était pentecôtiste.

Le jeune-homme en question, qui n'a pas hésité à plonger deux fois pour récupérer le petit Areski, s'appelle Timothée Gross, 22 ans, membre de l'Assemblée évangélique de Pentecôte de Strasbourg. Finalement identifié, il a été décoré par le Ministre de l'Intérieur le 5 mai dernier.

Un article des Dernières Nouvelles d'Alsace du samedi 6 mai 2006 (en page Région), intitulé "Merci Seigneur pour cette mission", nous en apprend un peu plus.(..)

Je trouve cette histoire révélatrice de ce qu'on appelle l'ethos chrétien. L'ethos, c'est l'éthique vécue. Dans la culture protestante évangélique, l'accent sur l'expérience et le vécu est essentiel. Comme le dit Jean-Paul Willaime, "dans le régime évangélique du croire, la meilleure preuve de l'existence de Dieu, c'est le fait que des individus le louent et le manifestent à travers des vies transformées". Ce fait divers illustre une mise en pratique de l'éthique chrétienne à deux niveaux: d'abord, secourir son prochain. Ensuite, ne pas en retirer de gloire.

Interrogé par les Dernières Nouvelles d'Alsace, le sauveteur improvisé (dont l'identité a été révélée par un collègue de travail) souligne ce n'est pas à lui de "revêtir la gloire" de ce geste, mais "au Christ". Il précise aussi: "Quand j'ai plongé la première fois, je ne pouvais pas voir l'enfant sous l'eau. Je suis ressorti, puis j'ai replongé et demandé au Seigneur de m'aider. C'est grâce à Lui que j'ai pu trouver la main de l'enfant. Je ne crois pas au hasard... Merci Seigneur pour cette mission."

On voit ici l'impact de la conviction religieuse sur la confiance en soi: la prière, le ressenti subjectif de l'aide divine, mettent en action l'individu, lui permettent d'affronter un haut niveau de risque, car il a le sentiment que "le Seigneur va l'aider".

Cette dynamique militante n'est pas toujours dirigée vers des fins aussi édifiantes! Mais cela n'enlève pas à ce fait divers son caractère révélateur. On nous a beaucoup parlé, il y a quelques mois, du "choc des civilisations", qui serait nourri du choc islam-évangélisme... Cette brève rencontre française entre un musulman et un pentecôtiste nous narre autre chose: vivre des options différentes et concurrentes peut aussi s'exprimer sur le mode du souci de l'autre (au risque de se "mouiller") plutôt que sur celui de sa négation.

Source: blog de Sébastien Fath

## Texte 15

# Un jeune soldat

*(Extrait de: Merlin Carothers - De la prison à la louange)*

Un jeune soldat s'évanouit, victime d'une crise cardiaque. On le conduisit à l'hôpital de Fort Benning. Il put en ressortir très vite mais dut revenir pour de fréquents examens. (..)

*Voir texte dans le livre "**De la prison à la louange**": du bas de la page 110 au milieu de la page 112.*

(..) Il était rempli d'une joie contagieuse. Bientôt la prison retentit de nos rires. Le jeune soldat ne pouvait tenir en place, il riait et chantait en gambadant dans le salon des visiteurs.

# La puissance est-elle en nous?

*(Extrait de: Merlin Carothers - Puissance de la louange)*

Dieu a un plan parfait pour nos vies, mais il ne peut nous faire progresser dans ses desseins que si nous acceptons joyeusement notre situation actuelle comme faisant partie de son plan. (..)

*Voir texte dans le livre de Merlin Carothers: du haut de la page 21 au haut de la page 22.*

(..) Lorsque nous acceptons franchement les circonstances telles qu'elles sont, et que nous remercions Dieu dans la certitude qu'il les a lui-même permises, alors intervient une force divine surnaturelle qui transforme les événements bien au-delà de leur développement logique et naturel.

*Texte 17*

# Une pauvre fille...

*(Extrait de: Merlin Carothers - Puissance de la louange)*

J'avais demandé à Dieu de me rendre capable d'aimer davantage, et j'en étais arrivé à penser que, dans ce domaine, mes résultats n'étaient pas si mauvais que cela.

(..)

*Voir texte dans le livre de Merlin Carothers: du milieu de la page 96 au haut de la page 101.*

(..) C'est Dieu qui avait opéré le changement. En ce qui me concernait, j'avais dû admettre et confesser mon propre manque d'amour, puis me soumettre à Dieu dans la foi en sa puissance transformatrice.

**Texte 18**

# En louant, elle découvre ses péchés...

*(Extrait de: Merlin Carothers - Puissance de la louange)*

Une chrétienne avait un mari qui était alcoolique depuis des années. Un jour cet homme eut des ennuis avec la justice et se retrouva en prison. (..)

*Voir texte dans le livre de Merlin Carothers: du milieu de la page 103 au bas de la page 105.*

(..) Dans son amour, Dieu peut se servir d'une relation humaine difficile, ou d'un concours de circonstances pénibles pour nous donner l'occasion de grandir et d'exercer nos muscles spirituels, ou pour nous révéler telle faiblesse de caractère ou telle faute de conduite.

_____

# Remarques finales

*Je te remercie Seigneur, car tu sais ce qui est bon pour moi, et tu veux me le donner; loué soit ton Saint Nom !*

*"Gardez confiance, j'ai vaincu le monde" (Jn 16,33)*

## La louange n'est pas la seule forme de prière

Les psaumes, qui sont un des modèles pour notre prière, comprennent toutes sortes d'attitudes spirituelles: l'angoisse y est présente, la demande, le doute, la méditation, etc.

La louange y tient toutefois une place privilégiée. Et souvent, un psaume commençant dans l'angoisse ou le doute se termine par la louange.

Puissions-nous consacrer à la louange une place aussi importante que le font les psaumes! Et puissions-nous aussi convertir en louange nos angoisses et nos doutes!

## Ce n'est pas Dieu qui fait le mal

Il ne s'agit pas de louer Dieu pour le mal. Dieu permet le mal, mais ce n'est pas lui qui en est l'auteur (les livres de Merlin Carothers ne s'expriment pas toujours clairement à ce sujet).

Cependant Dieu peut tirer du mal un bien plus grand.

Il s'agit par conséquent de remercier Dieu, non pour le péché, mais pour le "plan parfait" (Carothers) qu'il a:

Dieu peut, du mal, tirer un bien encore plus grand. Regarder cela, et lui faire confiance!

## La réussite... n'est pas terrestre !

L'ancien Israël a longtemps cru que le plan de Dieu était la réussite terrestre du royaume. Tout échec apparent était vécu comme négatif: d'où le scandale devant la mort du Christ.

Pourtant, si l'on admet que le monde que nous percevons n'est qu'un morceau du paysage complet, et que l'existence continue après la mort, c'est le panorama d'ensemble, seul, qui permettra de juger ce qui était bien et ce qui ne l'était pas.

La vraie croissance est spirituelle. La maladie, qui apparaît comme un recul physique, peut être un bien. Il ne faut pas juger des événements comme si la réussite matérielle était le critère.

## La louange est inconditionnelle

Merlin Carothers l'explique clairement: il ne s'agit pas de louer pour obtenir quelque chose! Ce serait une prière de demande, déguisée, et non une louange.

La louange ne demande rien! Elle remercie Dieu avec confiance, parce qu'elle est convaincue, dans la foi, qu'il nous aime beaucoup mieux que nous nous aimons nous-mêmes, et qu'il sait beaucoup mieux que nous ce qui est bon pour nous: ce que nous aimerons!

Dieu aime, beaucoup mieux que nous, tous ceux à qui nous pensons dans la prière: il sait beaucoup mieux que nous ce qui est bon pour eux: ce qu'ils aimeront! Si on ne croit pas cela, croit-on vraiment que Dieu est amour?

La louange est inconditionnelle: elle ouvre les portes à Dieu, pour qu'il agisse comme il l'entend. Elle le remercie de son amour.

## Le plan de Dieu

Quelle idée vous faites-vous du plan de Dieu sur le monde?

Jésus a vaincu le mal. Le péché est encore là, mais l'Esprit agit, et nous révèle le Père.

Je me représente parfois l'action de Dieu dans le monde comme un flux d'amour puissant, qui n'est arrêté par aucune difficulté, et suscite comme il le veut des hommes pour faire venir le Royaume.

Chacun de nous peut être un obstacle: auquel cas le flux passe ailleurs; ou bien nous pouvons nous ouvrir pour laisser Dieu agir en nous et à travers nous.

Personne n'est indispensable: "Des pierres que voici, Dieu peut faire surgir des enfants à Abraham" (Mt 3,9). Mais si nous voulons laisser Dieu agir en nous, nous répondons à son attente, et il nous prend comme nous sommes: pécheurs!

Le plan de Dieu est là: l'amour est certain, et ne trompe pas. Laissons Dieu agir en nous! Entrons dans son plan, par la louange!

## Je peux choisir la louange !

Ne dites pas: "Je ne peux pas louer". A la rigueur, dites: "Aujourd'hui, je n'arrive pas à louer". Mais louer est un choix.

Et nous pouvons faire des choix. Seulement, souvent, nous ne le voulons pas!

Nous pouvons choisir la louange!

Pourquoi ne le voulons-nous pas?

Dans les moments où la louange est difficile, choisissons de nous situer (comme toujours) dans la foi, et de répéter simplement, tout au long de la journée la phrase figurant en tête de ces réflexions, ou une phrase telle que:

"Merci Seigneur, pour ton amour; merci car tu veux mettre la louange en mon coeur!"

Il ne s'agit pas alors de ressentir quelque chose, ou d'abandonner parce que "non, décidément, cela ne marche pas". Qu'est-ce qui devrait "marcher"? La louange est gratuite. On ne loue pas pour obtenir quoi que ce soit. On loue parce qu'on aime, et qu'on veut aimer.

Et donc on passe du temps à louer, sans rien attendre en échange.

### Louange, autosuggestion, et paradoxes

La prière de louange est-elle une forme d'autosuggestion? Elle a sans doute un point commun avec cette technique, à savoir le renforcement des convictions et des attitudes.

Mais alors que l'autosuggestion consiste à s'appuyer sur soi-même, la prière de louange, au contraire, s'appuie sur la foi: sur le Tout Autre; sur ce qui est extérieur à moi et qui peut remplir le désir de mon coeur.

Plus profondément, la prière de louange a des points communs avec les paradoxes.

Il m'arrive de dire, à quelqu'un en difficulté à qui je propose la prière de louange: "Ce que je vais dire va peut-être te paraître complètement absurde". Car la louange dans les épreuves paraît contraire au bon sens!

Les paradoxes sont au coeur de l'évangile: les béatitudes notamment, et la mort de Jésus elle-même.

Il y a certes paradoxe et paradoxe, et le paradoxe n'est pas un but en soi. Mais les travaux de l'école de Palo Alto (par exemple Paul Watzlawick "Une logique de la Communication" et ouvrages suivants, Seuil) montrent que l'on peut, sous certaines conditions, prescrire quelque chose de paradoxal à quelqu'un qui veut changer son comportement.

Accepter la louange, aussi paradoxale soit-elle, c'est se prescrire à soi-même un changement d'attitude:

Pour apprendre à voir le monde comme Dieu le voit, et non comme nous aimons le voir.

Je t'aime Seigneur ma force, toi mon Dieu,
Je chante de joie pour toi, Dieu de ma vie!

(Communauté du Chemin Neuf,
d'après le psaume 18/17)

## Références

*Puissance de la louange*, de Merlin R. Carothers, est publié en français par les Editions "Foi et Victoire" (F-76170 Lillebonne et CH-1950 Sion) http://www.foi-et-victoire.com; on le trouve dans les librairies religieuses (220 pages petit format, environ 11 euros).

Du même auteur sont également disponibles en français (contrairement à ce qui apparaît sur certains serveurs) au moins six autres livres: "De la Prison à la Louange" (l'histoire personnelle de Merlin Carothers); "Réponses à la louange" (rassemblant des correspondances échangées à propos de "Puissance de la louange"); "Obstacles à la louange"; plus trois livres aux éditions "Vida" (Nîmes): "De la peur à la foi", "De l'enfer au paradis" et "Puissance plus".

Merlin Carothers est un ancien aumônier militaire méthodiste, qui a découvert dans sa vie, puis fait découvrir à des millions de gens (compte tenu du tirage de ses livres) le chemin de la louange. Un site web en anglais présente l'activité missionnaire de sa fondation et la liste des livres disponibles.

———

## Annexe

# A propos du mal dans le monde

### Père Gilbert Duval-Arnould o.p.

(Extraits d'une conférence "Pourquoi suivre Jésus?")
Saint Louis d'Antin, vers 1995

(..)
Jésus il est vrai n'a pas supprimé le mal, mais il l'a vaincu. Et c'est pourquoi, à sa suite et avec lui, je crois que je peux faire reculer le mal en moi et dans le monde, en y apportant plus d'amour.
(..)
Le péché n'est pas dans la passion: il est dans *le désordre de la passion,* comme nous allons le voir.
(..)
J'ai trouvé un jour chez un philosophe une définition très éclairante: "*Les vertus ne sont que des passions ordonnées, et les vices des passions désordonnées*". J'aime beaucoup cette définition.
(..)
L'homme est nécessairement gouverné par la chair, c'est à dire ses passions, tant qu'il n'est pas passé par la deuxième naissance, ou plus exactement par une deuxième gestation douloureuse, qui n'est plus le fait de sa mère, mais notre affaire à nous, et au cours de laquelle nous essayons de renaître. Et cela dure toute notre vie; cela se fait à l'aide de l'Esprit.
(..)
Cette *deuxième gestation* ne s'opère pas par la négation ou le mépris des passions en nous, mais par notre ouverture à cet

esprit, cette force qui nous permet de les canaliser, et de nous arracher au déterminisme aveugle de nos impulsions. C'est ainsi que nous accédons à un niveau supérieur d'être, à un nouvel espace intérieur de liberté, bref, à réaliser notre vocation d'homme, qui est de devenir un être responsable.

(..)

## "N'ayez pas peur, j'ai vaincu le mal"

Vous devinez bien que j'aborde un sujet redoutable. En effet, si l'Evangile nous apporte la preuve, à travers le témoignage des apôtres, que Jésus était capable de vaincre le mal, il n'en reste pas moins que le mal demeure tragiquement sur la terre, et que cela peut conduire beaucoup d'hommes à ne pas ajouter foi à cette affirmation de Jésus. Nous savons que c'est la première cause de l'incroyance.

Qui peut nier l'existence du mal? Il est en moi, et il est hors de moi. Et de plus je suis appelé à naître et à grandir dans un monde où règne la loi de la mort, une mort dont j'ignore le jour et l'heure, ce qui ajoute à mon angoisse.

Parvenu à un certain degré de réflexion, l'homme n'a cessé de se poser trois questions:
- D'où vient le mal? Qui est responsable?
- Pourquoi Dieu, s'il est tout puissant, laisse-t-il le mal exercer sa domination dans sa création et dans le coeur de l'homme?
- Comment, si Dieu est amour, l'amour absolu, justifier l'existence d'un mal éternel, l'enfer?

Questions redoutables, devant lesquelles les plus grands théologiens ont balbutié quelques hypothèses, dont aucune n'a pleinement satisfait l'intelligence de l'homme.

Dernièrement, à Radio Notre-Dame, un débat avait été proposé sur le mal. Un prêtre théologien était présent pour animer le débat et répondre aux questions éventuelles; je n'aurais pas voulu être à sa place. Sa position était claire: il affirmait que l'Evangile n'apportait pas de réponse au mystère du mal. Alors une auditrice en colère l'appela au téléphone, et... l'engueula proprement, il n'y a pas d'autre terme, en lui disant: "*Alors, pourquoi faites-vous une émission sur ce problème, si vous êtes incapable de nous apporter une réponse? A quoi servez-vous? A quoi sert l'Eglise? Vous me décevez profondément, et vous me faites perdre mon temps.*" Et elle raccrocha brusquement. C'est peut-être ce qui m'attend, au terme de notre entretien, car moi-même je n'ai pas toutes les réponses aux questions que sans doute vous vous posez.

(..)

Il n'y a aucun mystère comparable à celui du mal. Il existe sous une double forme: celle des souffrances causées par les forces naturelles y compris la mort, et celle causée par la méchanceté de l'homme. Le mal est en soi inexplicable, il est absurde, parce qu'il n'a pas de finalité. A la suite de la mort de son jeune frère, le poète Marie-Noël, traumatisée par sa disparition, écrivait: "*Serai-je consolée un jour de mes colères contre la mort? J'ai beau lire, apprendre, penser et croire tout le bien qu'on peut me dire d'elle, la mort m'a toujours trouvée hurlante à la face du ciel.*"

(..)

La doctrine d'un péché originel, héréditaire, trouve son origine dans l'oeuvre théologique de Saint Augustin au 4° siècle. La base de cette théorie est radicalement contestée aujourd'hui.

(..)

Notre connaissance de la genèse de l'homme nous renvoie plutôt à l'intuition de Saint Irénée qui, au 2° siècle, a écrit qu'Adam et Eve étaient comme de petits enfants, dont la conscience n'était donc pas encore très éveillée, et qui commirent le premier péché par inadvertance et non pas par malice. Et jamais l'Eglise n'a condamné Saint Irénée pour cette affirmation.

(..)

Ce que le livre de la Genèse veut nous dire avant tout c'est que, là où il y a l'homme, il y a du péché.

(..)

Mais la question demeure: pourquoi l'homme a-t-il été poussé à user si mal de sa liberté? Le livre de la Genèse nous offre la figure du tentateur sous la forme d'un serpent; cela laisse donc supposer que l'esprit du mal préexistait à l'arrivée de l'homme et de la femme, et cela confirme bien que ce n'est pas le péché originel qui est à l'origine de l'existence du mal.

(..)

L'origine première du mal demeure donc pour nous un mystère.

(..)

Essayons (..) de cerner quelques aspects du mal dans la réalité de notre vie quotidienne. Je le ferai à partir de deux éclairages successifs. Le premier nous permettra de mieux discerner les deux sources du mal, *en moi* et *hors de moi*. Le deuxième nous permettra de mieux discerner le mal comme un *manque d'amour*: le désert du mal, c'est le désert de l'amour.

Je vous disais lundi que les vertus sont des passions ordonnées, et que les vices sont des passions désordonnées. Cela est dû à des pulsions venues du plus profond de moi-même, et que j'ai beaucoup de mal à maîtriser. Elles appellent trouble et désordre dans ma vie, surtout quand elles sont inattendues.

(..).

*La jalousie:* elle est capable de mordre le coeur, dit le langage populaire.

(..)

Les pulsions de *violence:* qui n'a pas connu, un jour, monter en lui une violence pouvant aller jusqu'à des idées de meurtre; et on est les premiers surpris de cette poussée de violence

(..)

Les pulsions *sexuelles:* la lecture des journaux est suffisante pour nous rappeler les conséquences dramatiques des perversions sexuelles

(..)

Il nous arrive tous d'être parfois dominé par une obsession qui balaie tous les barrages de notre volonté et de la raison.

Devant ce constat du mal en moi, je peux me poser une question: n'y a-t-il pas comme une fatalité qui me rend irresponsable? Que répondre? Si je dis qu'un être est totalement irresponsable, c'est qu'il n'est plus libre, et à ce moment là il n'est plus un homme.

(..)

Voyons maintenant le mal qui a sa source **hors de moi**, ce mal qui fait naître en moi un sentiment d'injustice, parce que je ne me sens pas responsable.

Il y a d'abord le malheur innocent, si je peux parler ainsi: comme dans le cas d'un séisme.

(..)

Mais il y a aussi tous ces malheurs où l'homme a sa part de responsabilité, mais qu'il préfère rejeter sur la fatalité, ou Dieu. Je pense au chômage (..) Et toutes ces guerres, ces expulsions, ces barrières ethniques, sociales, religieuses, qui divisent et dressent les hommes entre eux. La question se pose alors: mais qui est responsable? La fatalité? Les autres? Dieu?

Ce que je peux répondre d'abord c'est que très peu d'hommes acceptent de se sentir responsables. C'est toujours l'autre, c'est d'abord l'autre; même si nous entendons depuis quelque temps des déclarations de repentance.

Voyons le deuxième éclairage: **le mal dans la lumière de l'amour.**

Le désert du mal peut être un désert d'amour. (..)

***On peut mal s'aimer soi-même, on peut mal aimer les autres, et on peut mal aimer Dieu.***

*On peut mal s'aimer soi-même*: parce que, se comparant avec d'autres, on devient envieux, aigri, et on n'arrive pas à s'accepter tels que nous sommes, avec nos limites, nos défauts, nos faiblesses. (..)

*Mal aimer les autres:* il y a l'amour possessif, qui croit que nous savons mieux que les autres ce qui convient à leur bonheur; c'est ne pas respecter leur liberté de choix quand ils manifestent des orientations que nous n'avons pas rêvées pour eux; c'est trop les protéger, sous prétexte de les préserver des difficultés de la vie.

Mal aimer les autres, c'est enfin les tromper, à travers toutes les formes de séduction dont nous sommes capables, pour ne pas rester seuls dans les chemins d'évasion: la boisson, la drogue, la sexualité, dans lesquels nous sommes tombés pour fuir la réalité, tout en sachant que ce sont autant d'impasses.

*Mal aimer Dieu*: c'est d'abord voir en lui un juge, un Dieu punisseur; c'est lui mettre sur le dos tous les malheurs qui surviennent dans notre vie; c'est gémir devant lui, avec toute une liste de revendications, sans penser à lui rendre grâce pour tout ce que nous avons reçu, et d'abord la vie, cette vie qui jaillira un jour en vie éternelle. Et bien sûr la plus grande blessure que nous pouvons faire à Dieu, c'est de ne plus croire en sa bonté, en son pardon sa miséricorde, c'est mettre des limites à la puissance de son amour. C'est peut-être cela, le péché contre l'esprit.

Jusqu'à maintenant, nous n'avons fait qu'évoquer l'existence du mal. Face à ce mystère, aucune religion n'a apporté de réponse satisfaisante; qu'en est-il de la foi chrétienne?

Le prêtre qui répondait à son auditrice en colère "Excusez-moi, mais je n'ai pas de réponse" avait raison pour ce qui est de l'origine du mal, nous l'avons dit. Pour autant, il n'avait pas tout dit: l'évangile ouvre comme **une brèche sur une immense espérance**. Et cette espérance, je la puise dans le comportement de Jésus durant sa vie face au mal.

Non seulement Jésus ne s'est jamais rendu complice du mal, mais il a combattu le mal, et même il a vaincu le mal suprême, la mort. "O mort, où est ta victoire" s'écriera Saint Paul en évoquant la résurrection de Jésus.

C'est vrai, Jésus n'a pas supprimé le mal, en nous, ou dans le monde, mais il l'a vaincu. Comme s'il était conscient de ne pouvoir donner une explication capable d'éclairer ses disciples sur l'existence de ce mystère du mal, Jésus a multiplié les occasions pour leur dire: 'N'ayez pas peur! Je suis avec vous! Je ne vous abandonnerai jamais."
(..)
Jésus a tenu sa promesse, cette promesse qu'il avait faite à ses apôtres de ne jamais les abandonner. Il leur a envoyé son esprit. Alors qu'ils se tenaient, morts de peur, enfermés dans la maison où ils avaient pris leur dernier repas avec Jésus, Pierre, habité par une force inconnue, après la Pentecôte, sortit le

premier, pour annoncer avec une telle fougue la bonne nouvelle de la résurrection de Jésus que la foule pensa qu'il était ivre.

Jésus ce jour là nous a donné la force de lutter, à notre tour, contre le mal, avec la certitude qu'un jour il sera définitivement vaincu. C'est là ma conviction profonde, à la suite d'innombrables hommes et femmes qui ont suivi Jésus.

J'ai en moi la force, non seulement de faire reculer le mal en moi et dans le monde, mais aussi de ne pas ajouter par ma faute un surcroît de mal dans le monde; ce qui ne veut pas dire bien sûr que j'y arrive. "Je n'arrive pas à faire le bien que je voudrais faire, et je fais le mal que je ne voudrais pas faire".

C'est maintenant dans cette lumière de l'amour que nous allons regarder **le comportement de Jésus face au mal**, tel que nous le rapporte l'évangile.

Et d'abord, devant toutes les formes du mal, Jésus manifestait une immense compassion. Qu'est-ce que c'est que la compassion? C'est bien plus que l'indulgence ou la pitié. Car dans l'indulgence et la pitié, il demeure toujours comme une certaine distance entre celui qui donne et celui qui reçoit. Compatir, c'est bien plus que se laisser émouvoir un temps, le temps d'un geste, d'aumône, ou d'une bonne parole. Compatir, c'est s'engager à partager, non pas le péché de l'autre, mais sa souffrance, tant que j'en ai le temps et la force.

Nous avons évoqué la compassion de Jésus pour ceux qui avaient faim dans le désert, ou encore son émotion devant la douleur d'une mère qui avait perdu son fils unique.

Mais vous me direz que notre compassion ne pourra pas opérer un miracle comme ce fut le cas avec Jésus. Il y avait une mère qui ramenait de Lourdes son enfant gravement handicapé. Et elle me disait: "Comme mon mari et mes autres enfants vont être déçus: ils ont tant espéré la guérison de leur petit frère Pierre." J'avais accompagné la mère et son enfant jusque chez elle, en pensant amortir cette déception par ma présence; or quand ils virent que Pierre n'était pas guéri, j'entendis l'aîné des enfants dire: "Tu sais Maman, on s'est dit que si Pierre n'était pas guéri, c'est lui qu'on aimerait le plus, et toujours." Les vrais miracles, ce sont ceux du coeur, et ils sont invisibles.

(..)

Compatir, ce n'est pas aider l'autre à se résigner, et à accepter son péché ou son mal, mais c'est l'aider à croire qu'il y a en lui des richesses cachées, celles du coeur, et que ce sont les seules qui ont du prix aux yeux de Dieu. L'homme est toujours plus grand que son péché.

Chacun de nous peut s'interroger: nos regards sont-ils porteurs d'un mépris qui écrase, ou d'une compassion qui donne une nouvelle chance à notre frère ou à notre soeur?

Jésus a subi le mal, non seulement du fait de ses ennemis, mais même du fait de ses amis. Quelle a été son attitude vis à vis d'eux? Elle a été le refus de l'amertume, de la violence, et même de la justice. Prenons le cas de Judas et de Pierre: deux amis qui l'ont également trahi. Jusqu'au bout, jusqu'à son arrestation, Jésus donnera à Judas le titre d'ami: "Judas, mon ami, c'est par un baiser que tu livres le fils de l'homme?" (..) Je sais bien qu'on cite la parole de Jésus "il fallait que le fils de l'homme soit livré", pour nous dire: "mais, que pouvait la miséricorde de Dieu, puisque la trahison de Judas était nécessaire pour notre salut?" Ce n'est pas en ce sens qu'il faut interpréter la parole de Jésus; dans le livre de la Genèse, nous avons plusieurs récits où des pécheurs ont été, d'une certaine façon, nécessaires à l'histoire du salut de l'humanité: Caïn et Abel, Isaac et Ismaël, Joseph et ses frères. Chaque fois nous voyons que Dieu ne les maudit pas, mais au contraire les bénit: si quelqu'un touche à Caïn, on le vengera sept fois dit Dieu; et il mit un signe sur lui afin que personne ne le frappât. Dieu n'a jamais dit son dernier mot.

(..)

Mais alors, diront certains, si tout est pardonné, que devient la justice? Le mal ne sera-t-il jamais puni? Car s'il n'y a plus de justice, il n'y a plus d'enfer! Et c'est la porte ouverte à tous les abus...

Je ne vais pas vous donner ma réponse, mais celle de Thérèse de l'enfant Jésus. Une soeur de son Carmel défendait avec fougue la cause de la justice de Dieu, alors que Thérèse défendait le visage de sa miséricorde. Un peu excédée, à la fin, Thérèse lui dit: "Ma soeur, si vous tenez à la justice, gardez-la; moi je pense que même la justice sera enrobée par sa miséricorde."

Quand j'ai dit tout à l'heure que Jésus refusait même la justice, je voulais dire que par son pardon Jésus nous a dévoilé que l'amour de Dieu pour les hommes a des ressources infinies que nous n'avons pas le droit de limiter par avance.

(..)

———————

# Le matin au réveil... Détente du corps

*(Expérience personnelle)*

Un jour ordinaire... Au réveil, tensions du corps, assez fortes en fait; qui me préoccupent. Que j'ai peur de traîner toute la journée; qui risquent d'influer sur mon humeur.

Et puis... je pense à la puissance de la louange !

Je me mets dans cette attitude: de relation avec Dieu; de confiance en Dieu.

La détente vient.

———

# Un exemple vécu

Dans la ligne de la puissance de la louange, voici un épisode vécu il y a quelques années...

Dans une paroisse que je fréquentais à l'occasion, et dont le prêtre était devenu un ami, voilà que, le dimanche, alors que l'heure de la messe approchait et qu'un baptême était prévu, le prêtre n'était pas là ! Impossible de le joindre: il ne répondait pas au téléphone.
Après 20 minutes d'attente, les responsables organisent une « ADAP » (Assemblée en l'absence de prêtre).

La fin de l'ADAP arrive, je file en voiture, à quelques kilomètres de là, vers le presbytère, dont la cour est heureusement ouverte, et je m'approche de la porte, vitrée. Le prêtre est là, immobile derrière la porte. Il ouvre et me dit : « Je ne peux pas » (psychologiquement), « Je suis là sans bouger depuis une heure! » (il avait eu un grave accident physique quelques années auparavant).

Je réagis alors « à la Carothers »: j'élève les bras et dis quelque chose comme « Le Seigneur est grand! Louons le Seigneur! » Et, tout à ma louange, que je poursuis, je l'accompagne vers sa voiture en continuant à louer à haute voix. Il s'assied dans sa voiture et démarre; je le suis, puis m'arrête pour téléphoner: prévenir la paroisse qu'il arrive. Les parents attendaient encore, heureusement!

Le Seigneur est grand!

———

# Deux autres "méthodes"

*J'ajoute ci-dessous deux méthodes ou attitudes spirituelles qui peuvent compléter l'approche de Merlin Carothers.*
*D'abord un texte tiré de mon expérience personnelle; puis le conseil d'un ami prêtre. Ces deux "méthodes" sont très efficaces.*

## Le rire de Clotilde

Mon amie Clotilde est truculente - si on ose employer ce mot pour une femme, et un peu contestataire. Vous allez voir qu'on peut tirer une leçon utile à tous, psychologiquement et spirituellement, de l'histoire qu'elle m'a racontée.

Clotilde a un poste professionnel très important, de directrice technique d'une grande entreprise publique.

Lassée de voir que la direction générale de son entreprise diffusait volontairement des informations fausses concernant les problèmes de déchets et d'environnement, elle s'est décidée un jour à passer à un journaliste un dossier montrant ce qu'il en était en réalité. Mais il ne fallait évidemment pas qu'elle se fasse prendre (attendez un peu, la leçon utile viendra plus loin).

Le matin où le journal sort, elle l'achète avant de se rendre au bureau et voit que les informations qu'elle a transmises figurent en bonne place. Elle se prépare alors psychologiquement.

"Seule dans ma voiture, j'ai commencé à développer en moi un rire énorme: à rire, à crier mon rire de plus en plus fort en le faisant rayonner dans tout mon visage et mon corps. Puis je me suis rendue au bureau du Directeur Général, et suis entrée le journal à la main, complètement hilare, en montrant l'article au directeur, comme pour lui dire: "Vous avez vu!" Un exemplaire du même journal était déjà sur son bureau.

"Désorienté par mon attitude, il m'a demandé:
- "Ce n'est pas vous?"

"J'ai pris l'air surprise, et, encore à la joie que j'avais développée, j'ai répondu simplement:
- "Moi?"

"Le Directeur Général a alors décroché son téléphone et a appelé le Président: "Non, non, ce n'est pas elle!"

Voilà pour ce qui est de l'histoire, authentique. Mais j'en ai tiré une leçon que j'ai assez souvent l'occasion d'appliquer.

Avant de rencontrer quelqu'un face à qui on souhaite être souriant, il est possible de préparer son corps et son visage.

De même qu'on peut "choisir d'aimer", on peut choisir de sourire. Pour qu'il ne s'agisse pas d'un sourire forcé, mais d'un vrai sourire irriguant tout le visage et le corps, il est possible de se préparer. C'est ce que la "méthode de Clotilde" permet.

Elle est utile psychologiquement, car elle nous aide à rayonner un sourire qui facilitera la rencontre. Elle est utile aussi spirituellement pour changer notre coeur, et rejoint la "puissance de la louange".

Cette méthode de "choisir le sourire" s'applique à de nombreux endroits, et par exemple dans la liturgie: ainsi quand on chante un "Alleluia" très joyeux, si on pense à se remplir de sourire, le chant sort beaucoup mieux!

*
*  *

## Bénissez ceux à qui vous en voulez!

Je pratique beaucoup la louange intérieure selon Carothers.

Mais une attitude complémentaire, importante, m'a été recommandée par un prêtre:

*De prier pour ceux à qui j'en veux.*

Prier pour eux, les « bénir », c'est souhaiter du bien, et c'est voir l'amour venir en eux.

C'est qu'il deviennent, dans ma pensée, des êtres remplis de cet amour; des êtres que j'aime parce qu'avec eux je sens désormais l'amour qui rayonne. Et je suis désormais rempli de bonheur quand je pense à eux.

Le prêtre qui m'a proposé cela raconte que cela avait changé fondamentalement sa relation avec un responsable politique, en Afrique, qui s'opposait à son travail avec des familles.

Quand il a finalement rencontré ce responsable, le Seigneur avait transformé son cœur (le cœur de ce prêtre), et la rencontre s'est bien passée: la puissance du Seigneur avait changé la situation.

Alors: « Puissance de la louange »? Oui et non. Carothers demeure important, mais il ne comprend pas cela!! Qui est fondamental !

Bien au-delà de ceux « que je n'aime pas » (catégorie bien plus large que ceux à qui « j'en veux »), j'ai l'impression d'avoir enfin compris ce que cela veut dire de prier pour quelqu'un !!!

———

Édition : BoD – Books on Demand, info@bod.fr
Impression : BoD – Books on Demand,
In de Tarpen 42, Norderstedt (Allemagne)
Impression à la demande
ISBN : 978-2-3220-9567-4
Dépôt légal : Février 2017